COMPRENDRE
LA LITTÉRATURE

MIXTE
Papier issu de sources responsables
Paper from responsible sources
FSC® C105338

VICTOR HUGO

Ruy Blas

Étude de l'oeuvre

© Comprendre la littérature.

22 rue Gabrielle Josserand - 93500 Pantin.

ISBN 978-2-75930-473-8

Dépôt légal : Septembre 2023

Impression Books on Demand GmbH

In de Tarpen 42

22848 Norderstedt, Allemagne

SOMMAIRE

- Biographie de Victor Hugo... 9

- Présentation de *Ruy Blas*... 15

- Résumé de la pièce... 19

- Les raisons du succès.. 31

- Les thèmes principaux... 35

- Étude du mouvement littéraire..................................... 39

- Dans la même collection... 43

BIOGRAPHIE DE VICTOR HUGO

Victor Hugo est né le 26 février 1802 à Besançon, dans une famille plutôt désunie. Son père est officier. En 1804, sa mère Sophie Trébuchet se sépare de son mari. Victor passe son enfance dans une maison rue des Feuillantines avec ses frères aînés Abel et Eugène. En 1811, les trois enfants sont mis au collège sur décision de leur père tandis que leur mère fuit en Espagne, son amant ayant été arrêté chez elle à cause d'un complot. Ce n'est qu'en février 1818 que la procédure de divorce des parents est entérinée et le jugement de séparation est prononcé au bénéfice de la mère.

Dès 1819, Victor Hugo fonde avec ses frères *Le Conservateur littéraire*, dont la publication continue jusqu'en mars 1821. En avril, il se fiance secrètement avec l'une de ses amies d'enfance, Adèle Foucher, qu'il épouse finalement en octobre 1822. Il écrit son premier roman, *Bug-Jargal* dont la première version est publiée en 1820 et la seconde en 1826.

L'année 1822 est celle de ses véritables débuts dans la vie littéraire : Victor Hugo publie le recueil de poésies *Odes et Ballades*. À peine un an plus tard, en 1823, paraît un deuxième roman : *Han d'Islande*. Cette année-là, Hugo renoue avec son père qui est de retour à Paris et voit son frère Eugène interné alors qu'il n'a que vingt-trois ans, parce qu'il ne s'est pas remis de la mort de sa mère. En avril 1824, il a une fille d'Adèle Foucher, Léopoldine, que l'on retrouve évoquée dans son œuvre.

C'est en 1827 avec *Cromwell* et sa préface qui est considérée comme l'acte de naissance du drame romantique que Victor Hugo se lance dans le théâtre et devient le théoricien du théâtre romantique.

Après la publication des *Orientales* et du *Dernier jour d'un condamné* en 1829, l'appartement de Victor Hugo, qui loge rue Notre-Dame-des-champs, est le lieu que choisissent les poètes du Cénacle romantique pour se réunir.

Hugo s'impose sur la scène théâtrale avec Hernani qui est représenté à la Comédie française le 25 février 1830 : « La victoire de la jeune garde romantique sur la vieille garde classique devient un fait acquis » (*Le Nouveau dictionnaire des auteurs*, Laffont).

Son premier grand roman, *Notre-Dame de Paris*, paraît en 1831, et d'autres recueils de poésies se succèdent : *Les Feuilles d'automne* (1831), *Les Chants du crépuscule* (1835), *Les Rayons et les Ombres* (1840).

Après *Le Roi s'amuse* (1832), qui est interdit par la censure, et *Lucrèce Borgia* (1833), Hugo propose *Ruy Blas* en 1838, qui est considéré, après *Hernani*, comme son second chef-d'œuvre dramatique. Sa femme devient la maîtresse de Sainte-Beuve, et lui a pour amante la jeune actrice Juliette Drouet.

C'est en 1841, après trois tentatives infructueuses, que Victor Hugo entre à l'Académie française. Deux ans après ce succès, il connaît deux malheurs importants : il essuie un cuisant échec au théâtre avec *Les Burgraves* (1843), mais surtout, il perd sa fille Léopoldine qui se noie dans la Seine en septembre.

De 1843 à 1851, il ne publie plus rien, même s'il continue à écrire. C'est d'ailleurs pendant cette période qu'il commence *Les Misères* qui deviendront ensuite *Les Misérables*, roman qui paraît en 1862. Hugo se lance à ce moment dans la vie politique. Dans les premiers temps, il soutient Louis-Napoléon Bonaparte, mais en revanche, il s'oppose violemment au coup d'État de « Napoléon le petit » (Napoléon III). Après avoir essayé d'organiser la résistance au coup d'État, il est contraint de s'exiler, d'abord en Belgique, puis à Jersey et enfin à Guernesey où il s'installe en 1855. Politiquement, il est devenu républicain et refuse l'amnistie de Napoléon III en 1859. Il ne revient en France qu'en 1870, le lendemain de la défaite de Napoléon III à Sedan.

De retour en France, Hugo est déçu par le nouveau régime et s'éloigne peu à peu de la politique. Les œuvres qu'il publie jusqu'en 1885 sont en grande partie des œuvres qu'il avait commencées lors de son exil, et il devient un symbole pour les républicains. Des manifestations officielles ont lieu en son honneur, et il meurt en écrivain populaire le 22 mai 1885. Il a droit à des funérailles nationales et son corps est transporté au Panthéon.

PRÉSENTATION DE
RUY BLAS

Ruy Blas est un drame en cinq actes et en vers qui a été joué pour la première fois le 8 novembre 1838 au Théâtre de la Renaissance, qui devait être le lieu privilégié pour le drame romantique.

C'est une pièce à la fois poétique et politique où l'amour est confronté à l'étiquette et au devoir. Don Salluste a été banni par la reine d'Espagne. Pour se venger, il veut la faire tomber dans un piège où elle passera pour l'amante de son valet. Il manipule son valet, le fait passer pour un noble, et utilise sans scrupules l'amour de Ruy Blas pour la reine. Ruy Blas est une des figures de l'amour contrarié dans cette pièce, mais il est aussi lié au drame politique.

En effet, Ruy Blas incarne le peuple espagnol : il se rebelle contre la politique des nobles, égoïstes et qui ont perdu toute notion de leurs responsabilités vis-à-vis du peuple. Son cri de révolte éclate dans la scène 2 de l'acte III et lui attire les foudres de tous les pairs d'Espagne. C'est aussi à ce moment que se mêlent amour et politique : le courage de Ruy Blas pousse la reine à lui avouer ce qu'elle ressent pour lui.

La disgrâce finale est donc double : Ruy Blas échoue en tant que pair d'Espagne puisque Don Salluste lui rappelle cruellement qu'il n'est que valet (III, V), et s'il triomphe en tant qu'amant, ce n'est que dans la mort.

RÉSUMÉ DE LA PIÈCE

Acte I

Scène 1 (Don Salluste, Gudiel, Ruy Blas)

Don Salluste a été chassé de la cour parce qu'il a séduit une des suivantes de la reine et qu'il refuse de l'épouser. Il perd tous ses biens dans son exil. Il est décidé à se venger de la reine. Il appelle Ruy Blas, son valet, lui ordonne de se trouver sur le passage de la reine deux heures plus tard, et lui demande de faire monter Don César, un homme qui se trouve en bas, dans la rue.

Scène 2 (Don Salluste, Don César)

Don Salluste accuse Don César d'être un voleur et lui laisse entendre qu'il a des preuves contre lui. On apprend qu'ils sont de la même famille, mais que Don César a préféré dépenser toutes ses richesses et devenir voleur, ce qui fait rougir de honte Don Salluste. Il prétend alors l'avoir fait venir pour l'aider à se tirer d'affaire et lui propose de l'or en échange de ses services pour se venger. Dès que Don César apprend qu'il s'agit de s'attaquer à une femme, il fait machine arrière et refuse, malgré l'or de Don Salluste. Ce dernier rattrape la situation en faisant croire que ce n'était qu'une mise à l'épreuve et qu'il est content du comportement de son cousin.

Scène 3 (Don César, Ruy Blas)

Ruy Blas reconnaît Don César, mais il l'appelle par son nom de brigand, Zafari, car c'est sous ce visage qu'il l'a déjà rencontré. Zafari s'étonne quant à lui de retrouver Ruy Blas en tenue de laquais alors qu'il l'a connu en homme libre. Ruy Blas lui dit que c'est la première fois qu'il vient dans ce palais, car habituellement il reste dans une maison tenue secrète de Don Salluste. Il lui avoue ensuite qu'il souffre d'autant plus dans ses habits de serviteur qu'il est amoureux de la reine, et donc jaloux du roi. Les deux hommes se prennent les mains, mais à ce moment, Don Salluste revient. Il donne de l'argent à Don César, mais ordonne en cachette à ses gardes de se saisir de lui dès qu'il sera dehors pour le vendre à des pirates.

Scène 4 (Ruy Blas, Don Salluste)

Don Salluste demande à Ruy Blas de lui servir de secrétaire et d'écrire une lettre d'amour en lui disant que c'est pour faire venir chez lui l'une de ses maîtresses. Il lui dit de signer « César ». Il lui fait ensuite écrire un billet où il s'engage à toujours bien servir son maître.

Scène 5 (Don Salluste, Ruy Blas, divers marquis et comtes puis toute la cour)

Don Salluste, qui a donné un nouvel habit à Ruy Blas, le fait passer pour son noble cousin Don César auprès de la cour. Ruy Blas est étonné et va protester quand Don Salluste lui ordonne de jouer le jeu. Il fait croire que Ruy Blas revient des Indes où il vivait depuis dix ans. Tous croient à ce que dit Don Salluste. Quand tout le monde est sorti, Don Salluste promet à Ruy Blas de le faire grand d'Espagne si ce dernier lui obéit correctement. En attendant, il lui donne la maison secrète gardée par deux muets. Au moment où la reine passe, Don Salluste ordonne à Ruy Blas de lui plaire et de devenir son amant.

Acte II

Scène 1 (la reine, la duchesse d'Albuquerque, Don Guritan, Casilda, duègnes)

La reine ne se sent pas vraiment soulagée du départ du marquis de Finlas (Salluste), parce qu'elle sait que Don Salluste la hait. La reine, sur la demande de sa dame de compagnie, s'adresse à Don Guritan, un vieil homme qui l'aime mais qu'elle trouve ennuyeux. Elle lui dit bonjour et il part ravi qu'elle se soit adressée à lui. La reine s'ennuie et veut sortir, mais sa duègne lui dit que c'est impossible. Elle veut s'amuser avec ses suivantes, mais la duègne le lui interdit aussi, car ce n'est pas de son rang. En réalité, la reine est traitée comme une prisonnière dans son propre château : « Aujourd'hui je suis reine, autrefois j'étais libre ! » dit-elle v. 714. La duègne ordonne enfin que tout le monde sorte et laisse la reine seule pour ses prières.

Scène 2 (la reine, seule)

Une fois seule, au lieu de prier, la reine pense à cet inconnu qui lui apporte des fleurs tous les jours, en passant par-dessus les murs qui entourent son petit jardin (il s'agit de Ruy Blas, mais elle ne le sait pas). Elle est effrayée pour lui parce qu'elle a vu une trace de sang sur l'un des murs. On apprend qu'elle porte sur le cœur une lettre de lui, et elle cède à la tentation de la relire. À peine l'a-t-elle rangée dans son corsage qu'un serviteur lui annonce qu'une lettre du roi est arrivée pour elle.

Scène 3 (la reine, la duchesse d'Albuquerque, Casilda, Don Guritan, femmes de la reine, pages, Ruy Blas)

Ruy Blas est habillé en noble, il n'en revient pas de se trouver si près de la reine. La duchesse d'Albuquerque décachette la lettre du roi pour la lire à la reine. Le roi n'a écrit qu'une ligne, et sans importance. La lettre contraste fortement avec celle, passionnée, que la reine lisait dans la scène précédente. On apprend que le roi n'a même pas écrit la lettre lui-même, il l'a seulement dictée puis signée. En regardant l'écriture de la lettre, la reine se rend compte que c'est la même que sur celle qu'elle a lu auparavant. Elle demande donc à voir le messager, qui n'est autre que Ruy Blas, qu'on lui présente sous le nom de Don César de Bazan, noble espagnol. La reine se rend compte que Ruy Blas est blessé à la main, elle pense de plus en plus qu'il est son mystérieux admirateur. Ils se reconnaissent ensuite mutuellement grâce à un morceau de dentelle qui glisse du corsage de la reine et qui correspond au morceau qui manque à la manche de Ruy Blas.

Scène 4 (Ruy Blas, Don Guritan)

Don Guritan ne voit pas d'un bon œil l'arrivée d'un jeune homme dans l'entourage de la reine, il est jaloux de Ruy Blas et le provoque en duel. Le rendez-vous est fixé au lendemain matin. Casilda a entendu leur conversation et va prévenir la reine qu'un duel se prépare entre les deux hommes.

Scène 5 (Don Guritan, la reine)

La reine vient demander un service à Don Guritan, et, pour l'éloigner de Madrid, elle lui demande de porter une boîte à son père en Allemagne. Elle veut ainsi éviter le duel dont elle a entendu parler par Casilda et protéger Ruy Blas. Comme Don Guritan résiste, parce qu'il tient à son duel, la reine lui saute au cou et l'embrasse, ce qui le décide. La reine exprime son soulagement dans le dernier vers de la scène, une fois Don Guritan parti : « Il ne le tuera pas ! » (fin du v. 980).

Acte III

Scène 1 (Ruy Blas, des pairs espagnols)

Les pairs d'Espagne s'étonnent de l'ascension fulgurante de Don César-Ruy Blas, qui est dans les bonnes grâces de la reine et est monté jusqu'à leur niveau en quelques mois. Le spectateur comprend vite que tous les grands d'Espagne qui sont à cette table sont corrompus, qu'ils ne pensent qu'à leurs intérêts privés et ont complètement perdu de vue qu'ils sont là pour défendre l'intérêt de l'État. Ils se querellent parce que chacun d'entre eux estime qu'il a moins de privilèges que les autres et en voudrait plus.

Scène 2 (les mêmes, Ruy Blas)

Ruy Blas entre dans la salle du conseil et reproche avec grandiloquence leur comportement à ces ministres qui se prétendent intègres quand ils ne font que s'enrichir aux dépens du peuple d'Espagne : « Donc vous n'avez ici pas d'autres intérêts / Que d'emplir vos poches et vous enfuir après ! » (v. 1063-1064). Après son discours, deux des pairs démissionnent, et les autres acceptent apparemment de le suivre.

Scène 3 (Ruy Blas, la reine)

La reine remercie Ruy Blas de ce qu'il vient de faire, elle lui avoue qu'elle a tout écouté en cachette. Ils s'avouent mutuellement leur amour, qu'ils se cachaient depuis six mois. La reine s'en va sur ces paroles : « Don César, je vous donne mon âme. »

Scène 4 (Ruy Blas, seul)

Ruy Blas se réjouit d'être aimé de la reine, il est aux nues, mais soudain, un homme, qui est entré par le fond de la pièce sans être entendu, lui pose brusquement la main sur l'épaule.

Scène 5 (Ruy Blas, Don Salluste)

Ruy Blas reconnaît Don Salluste, qui s'est habillé avec l'ancien costume de laquais de Ruy Blas pour pouvoir entrer au palais d'où il est normalement banni. Don Salluste prend un malin plaisir, tandis que Ruy Blas lui parle de politique, à lui rappeler qu'il n'est qu'un valet en lui faisant fermer la fenêtre ou ramasser son mouchoir par exemple. Don Salluste lui ordonne de l'attendre le lendemain dans la maison secrète, avec seulement les deux muets. Ruy Blas devine que Don Salluste veut se venger de la reine, et sa position devient terrible : s'il fait quoi que ce soit, Don Salluste dénoncera à tous son statut de valet. Il essaie de se défendre, mais ne se souvient plus que Don Salluste a une preuve de sa condition de valet : la lettre qu'il a signée au début de la pièce. Ruy Blas est vaincu par cet argument et promet à Don Salluste de faire ce que celui-ci lui ordonnera.

Acte IV

Scène 1 (Ruy Blas, le page)

Ruy Blas est prêt à mourir pour sauver la reine, mais pour

cela, il faut d'abord qu'il devine ce qu'a prévu de faire Don Salluste et dans quelle embuscade il veut la faire tomber. Il est tellement contrarié par la situation que sa raison se trouble. Soudain, il songe à faire prévenir la reine de ne pas sortir du palais par Don Guritan. Lui sort du palais, va dans la maison où doit le retrouver Don Salluste et prévient les deux domestiques qu'un homme viendra sans doute en son absence.

Scène 2 (Don César)

Don César est arrivé dans la maison de Ruy Blas, il s'attend à trouver quelqu'un, mais en ne voyant personne, il fait comme chez lui, mange, prend des habits dans les placards, ouvre les bouteilles de vin qu'il trouve… Un valet entre avec un gros sac.

Scène 3 (Don César, un laquais)

Le laquais apporte de l'argent pour un dénommé Don César de Bazan, Don César déclare donc que c'est bien lui, sans rien comprendre à ce qui se trame. Le laquais lui demande ensuite quels sont ses ordres, parce que celui qui l'a envoyé lui a demandé de se mettre à son service. Comme Don César n'a aucune idée de ce qu'il doit lui ordonner, il lui fait boire du vin. Ensuite, il lui ordonne de prendre de l'or et d'aller dans une maison qui ne se trouve pas loin pour donner cent ducats à son ancienne maîtresse.

Scène 4 (Don César, une duègne)

La duègne appelle Don César depuis le pas de la porte. Elle lui demande s'il a bien donné rendez-vous à une femme pour le soir, Don César ne comprend toujours pas ce qui lui arrive, mais il acquiesce, et fait tout ce que lui demande la duègne. Une fois qu'elle est partie, Don César se réjouit. Au fond de la maison paraît Don Guritan avec deux épées à la main.

Scène 5 (Don César, Don Guritan)

Don Guritan ne sait pas qu'il s'adresse au véritable Don César, mais d'après ce qu'il lui dit, le spectateur comprend qu'il n'a pas voulu recevoir le laquais de Ruy Blas, et qu'il n'a donc pas fait prévenir la reine de ne pas sortir du palais. Don Guritan dit qu'il veut tuer Don César de Bazan, et Don César lui annonce alors qui il est. Don Guritan ne le croit pas, persuadé qu'il se moque de lui, et il provoque Don César en duel. À peine sont-ils sortis pour se battre que Don Salluste entre dans la maison par une petite porte dérobée.

Scène 6 (Don Salluste)

En voyant que rien n'est prêt dans la maison, Don Salluste pense que le page de Ruy Blas, qu'il a vu entrer chez Don Guritan, a transmis un message au vieil amoureux et que celui-ci a ensuite prévenu la reine.

Scène 7 (Don Salluste, Don César)

Don Salluste est étonné de trouver son cousin ici, il est persuadé qu'à cause de lui, tout est perdu et qu'il ne pourra pas réaliser son plan. Cependant, au fur et à mesure que Don César lui explique ce qu'il vient de faire, Don Salluste reprend espoir, et il trouve même que son cousin arrange ses affaires parce qu'il a tué Don Guritan d'un coup d'épée. César ne veut pas partir, malgré les demandes réitérées et les promesses que lui fait Salluste.

Scène 8 (Les mêmes, des alguazils)

César veut troubler le plan de Salluste coûte que coûte et tente de se nommer à des gardes qui passent, mais Salluste le devance et le fait passer pour un voleur. Les gardes emmènent César, ils ont en plus contre lui la preuve qu'il vient de tuer Don Guritan car ils retrouvent une épée pleine de sang.

Acte V

Scène 1 (Ruy Blas, seul)

Ruy Blas essaie de se rassurer en se disant que, puisqu'il n'entend aucun bruit, la reine a dû être prévenue du danger qu'elle courait si elle sortait. Rassuré parce qu'il la croit en sécurité, il veut mourir et au moment où il s'apprête à boire une fiole de poison, la reine entre par une petite porte.

Scène 2 (Ruy Blas, la reine)

En entendant la reine, Ruy Blas se retourne et se désole à l'idée qu'elle est tombée dans le piège qu'il voulait à tout prix lui éviter. Ruy Blas lui dit de fuir, mais Don Salluste se démasque et barre la sortie.

Scène 3 (les mêmes, Don Salluste)

Don Salluste annonce à la reine qu'il va faire annuler son mariage par le pape, ce qui est possible parce qu'elle a été vue seule dans la chambre d'un homme à minuit. Don Salluste promet de ne rien dire et de procurer à la reine un moyen de fuite si elle signe un papier qu'il lui tend. À ce moment, Ruy Blas révèle en un cri son identité de valet pour que la reine n'agisse pas pour lui, pour qu'elle sache la vérité. Pendant que Salluste savoure son triomphe auprès de la reine, Ruy Blas va discrètement fermer la porte et prend une épée avant de se jeter sur Salluste. Il le tue après l'avoir poussé dans un petit cabinet pour ne pas que la reine le voit mourir.

Scène 4 (La reine, Ruy Blas)

Ruy Blas s'excuse auprès de la reine de lui avoir menti. Elle lui répond qu'elle ne le lui pardonnera jamais, il avale donc d'un trait une fiole de poison. Aussitôt, la reine change d'avis, elle pardonne à Ruy Blas, et celui-ci lui demande de fuir tant que tout est encore secret.

LES RAISONS
DU SUCCÈS

La pièce, bien que très critiquée par la presse et par les gens bien-pensants (« Enfin, toute la critique des honnêtes gens refuse l'inconvenance à la fois formelle, morale et sociale : une reine amoureuse d'un laquais ! », écrit Patrick Berthier dans la notice de l'édition Folio théâtre), a connu un grand succès populaire que ne retrouvent ensuite plus les pièces suivantes de Hugo. Elle a été jouée quarante-neuf fois de novembre 1838 à juillet 1839. La pièce a été interdite par Napoléon III en 1867, mais redonnée en 1872 avec Sarah Bernhardt dans le rôle de la reine d'Espagne. Enfin, ce drame est entré dans le répertoire de la Comédie française en 1879.

Du point de vue historique, le drame est très documenté, et Hugo dit lui-même qu'il a beaucoup travaillé à donner à sa pièce une vraie teinte espagnole. Il propose d'ailleurs à ses lecteurs l'explication de certains mots directement empruntés à la langue d'origine dans une Note qu'il rédige pour la publication de la pièce. Certes, il a utilisé certains détails qu'il a pu réorganiser selon l'effet qu'il voulait produire et pas selon la vérité historique, mais ce ne sont que des détails qui ne rendent pas inutiles tous les efforts qu'il a fait pour ancrer sa pièce dans une époque. Ruy Blas est un personnage composé, il n'a pas existé en tant que tel durant le règne de Charles II en Espagne.

Cette pièce a aussi du succès parce qu'elle met en scène de manière exemplaire les préceptes du drame romantique tel que les a définis Hugo dans la préface de *Cromwell*. Elle est en quelque sorte l'emblème du théâtre romantique tel qu'il s'impose peu à peu, et le pathétique qui naît des tiraillements de chaque personnage est propre également à faire naître des émotions chez le spectateur. En effet, le spectateur éprouve bien terreur et pitié, comme le prônait déjà Aristote dans sa *Poétique*.

LES THÈMES PRINCIPAUX

Le thème principal est le complot tramé contre la reine par Don Salluste : ce dernier veut atteindre sa réputation sans tâche en la faisant tomber amoureuse de son valet, Ruy Blas, qu'il introduit à la cour comme son cousin Don César, comte de Garofa. Le complot de Salluste va surtout briser une vie, celle de Ruy Blas, qui va se sacrifier pour sauver la reine. Il y a dans cette pièce deux héros qui souffrent autant l'un que l'autre, même si leur condition n'est pas la même. La douleur est identique chez une reine et chez un valet.

Ruy Blas entre sans difficulté dans son rôle de noble tant son âme est noble. Ce n'est qu'au retour de Don Salluste qu'il voit tout son rêve s'écrouler. Il perd d'un seul coup la possibilité d'être aimé de la reine et la possibilité d'avoir une parole politique crédible lorsque Salluste lui rappelle qu'il n'est qu'un valet. « Déchiré entre sa noblesse morale et la bassesse de sa condition, Ruy Blas vit un rêve, qui se brise sur le rappel d'une contrainte : l'identité du laquais et celle de César sont incompatibles. Le masque qu'il doit porter compromet à la fois son discours politique, dû tant à l'amour qu'à une certaine idée de l'Espagne, et sa parole amoureuse » (*Dictionnaire des grandes œuvres de la littérature française*, Larousse). Ruy Blas est donc doublement souffrant : en tant qu'amoureux et en tant qu'homme de cœur qui veut voir son pays, l'Espagne, prospérer. Porte-parole du peuple, il s'attaque à la noblesse égoïste, et son discours est grandiose, mais le spectateur ne peut pas oublier qu'il parle en valet et donc deviner déjà en l'écoutant que ses paroles n'auront pas toute la portée qu'elles méritent. C'est de cette opposition entre la grandeur de ses idées et la bassesse de sa condition, qui le rend grotesque en pourfendeur de la justice, que naît le sublime chez Ruy Blas, qui est également capable d'aimer comme un noble, et même, si l'on en croit la reine, mieux qu'un roi.

L'autre personnage qui souffre dans cette pièce est la reine, qui est l'incarnation même du sublime. Elle est la pureté et l'innocence qui s'ennuient au milieu d'un monde régi par l'étiquette et les bienséances. Cet oiseau innocent enfermé dans une cage dorée ne cède à l'amour que parce qu'elle est abandonnée par son mari, qu'elle se dit elle-même prête à aimer, mais qui n'est jamais là pour lui en laisser le loisir. « Figure romantique par excellence, la reine incarne le sublime de l'amour, auquel jeunesse, beauté, caractère, tout la destine » (*Dictionnaire des grandes œuvres de la littérature française*, Larousse).

Enfin, cette pièce est le drame romantique par excellence, parce qu'elle mélange les genres. On trouve des personnages de tragédie comme la reine et Ruy Blas, mais Ruy Blas appartient aussi au genre du mélodrame par sa nature de valet, comme Don Salluste qui est le fourbe manipulateur. On trouve enfin des personnages de comédie comme Don César, le désinvolte, le séducteur. Hugo, dans la préface de *Cromwell*, définit d'ailleurs bien le drame comme le mélange de ce qui est resté jusque-là bien distinct : « La société, en effet, commence par chanter ce qu'elle rêve, puis raconte ce qu'elle fait, et enfin se met à peindre ce qu'elle pense. C'est, disons-le en passant, pour cette dernière raison que le drame, unissant les qualités les plus opposées, peut être tout à la fois plein de profondeur et plein de relief, philosophique et pittoresque. »

ÉTUDE DU MOUVEMENT LITTÉRAIRE

Le romantisme, qui est né au début du XIXe siècle en France et dans toute l'Europe, concerne tous les arts. En littérature plus particulièrement, le romantisme veut libérer la langue des carcans classiques, laisser une plus grande place à l'imagination, et redéfinir le beau. L'esthétique à rechercher n'est plus le beau synonyme de perfection mais au contraire le mélange du beau et du laid, une opposition qui permet l'apparition du sublime.

Le drame romantique, s'il ne naît pas à proprement parler avec Victor Hugo, trouve cependant en lui son plus grand théoricien : dans la préface de *Cromwell*, « l'auteur se pose en théoricien et en chef du romantisme (à la tragédie classique, dont il critique l'artifice et les limites, il oppose le drame moderne qui doit mêler, comme le fait la nature même, le sublime et le grotesque, ces deux éléments de la réalité) », résume *Le Nouveau dictionnaire des auteurs* paru chez Laffont.

Après avoir repris l'histoire de la poésie jusqu'au XIXe siècle et avoir montré combien tout est fondé sur l'épopée et la tragédie, Hugo en vient à réclamer une « nouvelle poésie » qui saurait utiliser le grotesque : « La muse moderne verra les choses d'un coup d'œil plus haut et plus large. Elle sentira que tout dans la création n'est pas humainement beau, que le laid y existe à côté du beau, le difforme près du gracieux, le grotesque au revers du sublime, le mal avec le bien, l'ombre avec la lumière. » La littérature romantique, contrairement à la littérature classique, sera plus proche de la nature, parce que dans la nature, le beau et le laid se côtoient, tout comme l'ombre et la lumière, ce sont donc autant d'éléments qu'il faudra retrouver dans les pièces romantiques.

Comme le grotesque est d'abord l'incarnation de la tragédie, Hugo a pour projet de mêler la comédie et la tragédie pour tirer de ce mélange des effets qui seront au plus proche de la nature : « C'est de la féconde union du type grotesque au type sublime que naît le génie moderne, si complexe, si varié dans ses formes, si inépuisable dans ses créations, et bien opposé en cela à l'uniforme simplicité du génie antique. »

Hugo veut l'avènement d'une ère nouvelle pour la poésie, qui se distingue des époques précédentes : « Ainsi, pour résumer rapidement les faits que nous avons observés jusqu'ici, la poésie a trois âges, dont chacun correspond à une époque de la société : l'ode, l'épopée, le drame. Les temps primitifs sont lyriques, les temps antiques sont épiques, les temps modernes sont dramatiques. L'ode chante l'éternité, l'épopée solennise l'histoire, le drame peint la vie. » C'est le « drame » qui correspond à la nouvelle période que réclame le poète, et qu'il va lui-même tenter de mettre en œuvre dans son théâtre.

DANS LA MÊME COLLECTION
(par ordre alphabétique)

- **Anonyme**, *La Farce de Maître Pathelin*
- **Anouilh**, *Antigone*
- **Aragon**, *Aurélien*
- **Aragon**, *Le Paysan de Paris*
- **Austen**, *Raison et Sentiments*
- **Balzac**, *Illusions perdues*
- **Balzac**, *La Cousine Bette*
- **Balzac**, *La Femme de trente ans*
- **Balzac**, *Le Colonel Chabert*
- **Balzac**, *Le Lys dans la vallée*
- **Barbey d'Aurevilly**, *L'Ensorcelée*
- **Barbey d'Aurevilly**, *Les Diaboliques*
- **Bataille**, *Ma mère*
- **Baudelaire**, *Les Fleurs du Mal*
- **Baudelaire**, *Petits poèmes en prose*
- **Beaumarchais**, *Le Barbier de Séville*
- **Beaumarchais**, *Le Mariage de Figaro*
- **Beauvoir**, *Mémoires d'une jeune fille rangée*
- **Beckett**, *En attendant Godot*
- **Beckett**, *Fin de partie*
- **Brecht**, *La Noce*
- **Brecht**, *La Résistible ascension d'Arturo Ui*
- **Brecht**, *Mère Courage et ses enfants*
- **Breton**, *Nadja*
- **Brontë**, *Jane Eyre*
- **Camus**, *L'Étranger*
- **Carroll**, *Alice au pays des merveilles*
- **Céline**, *Mort à crédit*

- **Céline**, *Voyage au bout de la nuit*
- **Chateaubriand**, *Atala*
- **Chateaubriand**, *René*
- **Chrétien de Troyes**, *Perceval*
- **Cocteau**, *La Machine infernale*
- **Cocteau**, *Les Enfants terribles*
- **Colette**, *Le Blé en herbe*
- **Corneille**, *Le Cid*
- **Crébillon fils**, *Les Égarements du cœur et de l'esprit*
- **Defoe**, *Robinson Crusoé*
- **Dickens**, *Oliver Twist*
- **Du Bellay**, *Les Regrets*
- **Dumas**, *Henri III et sa cour*
- **Duras**, *L'Amant*
- **Duras**, *La Pluie d'été*
- **Duras**, *Un barrage contre le Pacifique*
- **Flaubert**, *Bouvard et Pécuchet*
- **Flaubert**, *L'Éducation sentimentale*
- **Flaubert**, *Madame Bovary*
- **Flaubert**, *Salammbô*
- **Gary**, *La Vie devant soi*
- **Giraudoux**, *Électre*
- **Giraudoux**, *La Guerre de Troie n'aura pas lieu*
- **Gogol**, *Le Mariage*
- **Homère**, *L'Odyssée*
- **Hugo**, *Hernani*
- **Hugo**, *Les Châtiments*
- **Hugo**, *Les Contemplations*
- **Hugo**, *Les Misérables*
- **Hugo**, *Notre-Dame de Paris*
- **Huxley**, *Le Meilleur des mondes*
- **Jaccottet**, *À la lumière d'hiver*
- **James**, *Une vie à Londres*

- **Jarry**, *Ubu roi*
- **Kafka**, *La Métamorphose*
- **Kerouac**, *Sur la route*
- **Kessel**, *Le Lion*
- **La Fayette**, *La Princesse de Clèves*
- **Le Clézio**, *Mondo et autres histoires*
- **Levi**, *Si c'est un homme*
- **London**, *Croc-Blanc*
- **London**, *L'Appel de la forêt*
- **Maupassant**, *Boule de suif*
- **Maupassant**, *Le Horla*
- **Maupassant**, *Une vie*
- **Molière**, *Amphitryon*
- **Molière**, *Dom Juan*
- **Molière**, *L'Avare*
- **Molière**, *Le Malade imaginaire*
- **Molière**, *Le Tartuffe*
- **Molière**, *Les Fourberies de Scapin*
- **Musset**, *Les Caprices de Marianne*
- **Musset**, *Lorenzaccio*
- **Musset**, *On ne badine pas avec l'amour*
- **Perec**, *La Disparition*
- **Perec**, *Les Choses*
- **Perrault**, *Contes*
- **Prévert**, *Paroles*
- **Prévost**, *Manon Lescaut*
- **Proust**, *À l'ombre des jeunes filles en fleurs*
- **Proust**, *Albertine disparue*
- **Proust**, *Du côté de chez Swann*
- **Proust**, *Le Côté de Guermantes*
- **Proust**, *Le Temps retrouvé*
- **Proust**, *Sodome et Gomorrhe*
- **Proust**, *Un amour de Swann*

- **Queneau**, *Exercices de style*
- **Quignard**, *Tous les matins du monde*
- **Rabelais**, *Gargantua*
- **Rabelais**, *Pantagruel*
- **Racine**, *Andromaque*
- **Racine**, *Bérénice*
- **Racine**, *Britannicus*
- **Racine**, *Phèdre*
- **Renard**, *Poil de carotte*
- **Rimbaud**, *Une saison en enfer*
- **Sagan**, *Bonjour tristesse*
- **Saint-Exupéry**, *Le Petit Prince*
- **Sarraute**, *Enfance*
- **Sarraute**, *Tropismes*
- **Sartre**, *Huis clos*
- **Sartre**, *La Nausée*
- **Senghor**, *La Belle histoire de Leuk-le-lièvre*
- **Shakespeare**, *Roméo et Juliette*
- **Steinbeck**, *Les Raisins de la colère*
- **Stendhal**, *La Chartreuse de Parme*
- **Stendhal**, *Le Rouge et le Noir*
- **Verlaine**, *Romances sans paroles*
- **Verne**, *Une ville flottante*
- **Verne**, *Voyage au centre de la Terre*
- **Vian**, *J'irai cracher sur vos tombes*
- **Vian**, *L'Arrache-cœur*
- **Vian**, *L'Écume des jours*
- **Voltaire**, *Candide*
- **Voltaire**, *Micromégas*
- **Zola**, *Au Bonheur des Dames*
- **Zola**, *Germinal*
- **Zola**, *L'Argent*
- **Zola**, *L'Assommoir*